CARNETS DE NATURE

MON COCHON D'INDE

Jean Cuvelier

Illustrations de Nathalie Locoste

MILAN
jeunesse

Comment utiliser ton carnet

Ton carnet a été conçu pour que tu puisses le consulter aisément : grâce à son petit format, tu peux facilement le glisser dans ta poche et l'avoir ainsi toujours avec toi lorsque tu t'occupes de ton petit animal.

Dans les dernières pages tu trouveras :
- des adresses utiles ;
- un index qui te permettra de retrouver rapidement la notion que tu cherches.

Aujourd'hui est un grand jour : tes parents ont accepté que tu adoptes un cochon d'Inde. Mais attention, ce n'est pas une peluche ! Il a besoin qu'on s'occupe très régulièrement de lui. Il faudra lui consacrer du temps pendant plusieurs années. Si tu es prêt à respecter toutes ces obligations, alors bonne chance pour cette expérience passionnante !

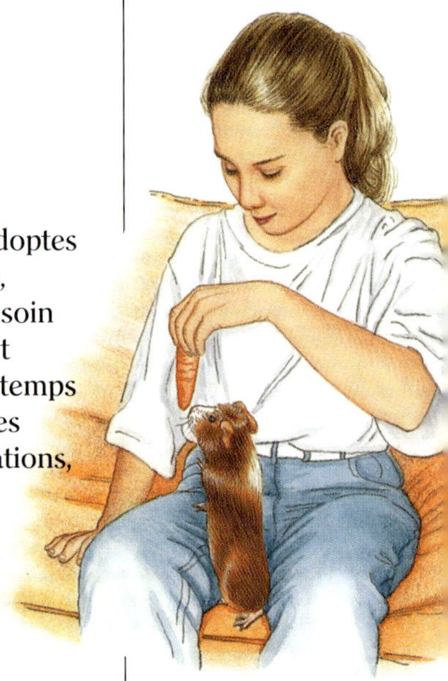

Ton carnet t'apprendra à mieux connaître ton compagnon. Il est divisé en 5 grands thèmes.

Sommaire

Arrivée du cochon d'Inde à la maison

Voici des renseignements utiles pour choisir ton animal, des informations sur les différentes races, les caractères et les comportements des cochons d'Inde et des conseils précieux sur ce qu'il faut faire pour préparer sa venue et bien l'accueillir chez toi.

Nourriture

Combien ton cochon d'Inde doit-il prendre de repas par jour ? Que doit-il manger et en quelle quantité ? Comment lui donner sa nourriture ? Tu trouveras toutes les réponses à ces questions essentielles.

Soins

C'est d'abord l'hygiène. Il est indispensable de bien soigner ton cochon d'Inde, pour qu'il soit beau et propre bien sûr, mais surtout pour son bien être : son bon état général est important, et la toilette – avec tous les soins qu'elle comporte – y contribue.
C'est aussi la santé et la protection : ton carnet t'explique comment « mieux vaut prévenir que guérir », mais aussi comment soigner des maladies sans gravité et des blessures légères.

Jeux

Avoir un cochon d'Inde, c'est aussi avoir un petit animal à cajoler et un complice avec qui tu pourras t'amuser et partager de bons moments. C'est important pour qu'il ne s'ennuie pas et en plus, tu pourras épater tes copains en lui faisant faire quelques tours.

Reproduction

Si tu as une femelle, tu pourras un jour lui faire faire des petits. Tu trouveras tous les conseils nécessaires pour t'occuper correctement de la future maman, puis de ses petits.

Qu'est-ce qu'un cochon d'Inde ?

Non, ton petit copain n'est pas un cochon nain. Son nom de « cochon » tient au fait qu'il ressemble à un cochon miniature par son anatomie (corps rond, membres courts) et les bruits qu'il émet. Contrairement à ce que son nom indique, il est originaire d'Amérique du Sud. Cette erreur vient de la confusion des premiers explorateurs entre les Indes et l'Amérique.

Des noms différents suivant les pays

En Angleterre il s'appelle *guinea pig*, soit « cochon guinée » (la guinée étant une ancienne monnaie anglaise), en Espagne « petit lapin des Andes » et en Allemagne on le surnomme *Meerscweinchen*, soit « petit cochon de mer ».

Une domestication très ancienne

Des fouilles pratiquées au Pérou prouvent que sa domestication a eu lieu plusieurs milliers d'années avant Jésus-Christ. Les cochons d'Inde étaient élevés par les Incas pour leur viande et pour servir d'offrandes aux dieux.

Un poids plume

Il mesure de 20 à 36 cm pour un poids moyen variant de 500 g à 1,5 kg (la femelle est un peu plus légère que le mâle).

Un animal de laboratoire

La facilité de sa manipulation, de son entretien et son rythme de reproduction élevé en ont fait, dès le XIXe siècle, l'animal de référence pour tester de nouveaux médicaments en laboratoire. C'est d'ailleurs de son nom latin *cobaya* que vient le mot français « cobaye ».

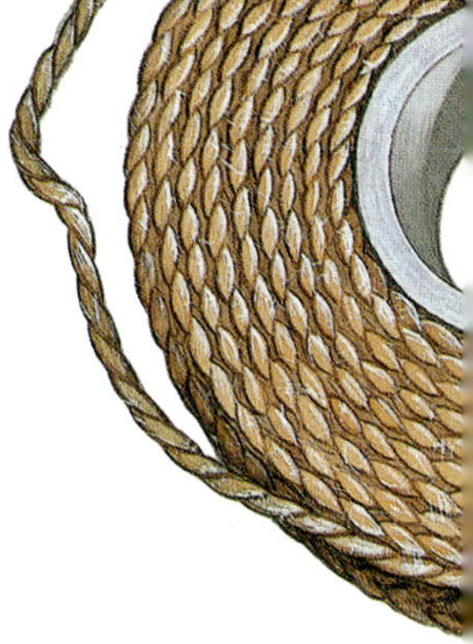

Un odorat et une ouïe très développés

Son excellent odorat (intermédiaire entre celui de l'homme et du chien) lui permet non seulement de reconnaître les membres de sa bande mais également ton odeur. Grâce à sa très bonne ouïe, il perçoit tout bruit suspect dans son environnement et te reconnaît quand tu arrives vers lui ou quand tu lui prépares à manger.

Des vibrisses très sensibles

Ses moustaches constituées de poils tactiles lui permettent de percevoir le moindre mouvement d'air et d'éviter les obstacles.

Une bonne vision nocturne

Sa rétine sensible aux faibles éclairements lui confère une bonne vision lorsque la nuit approche. Il est capable de distinguer le rouge, le jaune, le bleu, le vert, le violet et l'orange.

Un goût pour le sucré

Grâce à ses papilles gustatives, il sait faire la différence entre le sucré et le salé.

Une dentition de rongeur

Aiguisées comme des rasoirs, ses incisives lui servent à ronger et à couper sa nourriture en petits morceaux avant qu'elle ne soit finement broyée sous l'action de ses molaires.

Une nombreuse famille

Ton cochon d'Inde fait partie d'une grande famille. Son plus gros cousin s'appelle lièvre de Patagonie, ou mara, et ressemble à un lièvre avec des pattes de gazelles. Le plus agile est le cobaye des rochers. Il est capable de grimper avec agilité sur les rochers, mais aussi dans les arbres pour en manger les feuilles.

Comment déterminer son sexe ?

Cela n'est pas toujours facile, surtout chez les jeunes sujets. L'intervalle entre l'anus et l'orifice génital est plus grand chez le mâle que chez la femelle. Chez le mâle, une légère pression des pouces sur l'abdomen permet de faire sortir le pénis. Chez la femelle, la région ano-génitale forme un Y.

Où l'acheter ?

Si tu souhaites une espèce bien particulière, te lancer dans l'élevage ou faire des expositions, adresse-toi à un éleveur. Sinon, tu peux te rendre dans un magasin spécialisé ou adopter un petit chez un ami qui a eu des naissances.

Choisir ton cochon d'Inde

La petite taille de ton cochon d'Inde ne doit pas te faire oublier tes responsabilités. Es-tu prêt à l'entretenir et le soigner durant toute sa vie ? As-tu du temps à lui consacrer chaque jour ? As-tu déjà prévu qui s'en occupera durant tes vacances ? S'entendra-t-il avec ton chien ou ton chat ? Si tu as répondu oui à toutes ces questions, alors tu es prêt à accueillir ton nouveau compagnon.

Un compagnon gentil et affectueux

Ton cochon d'Inde est un petit animal gentil, caressant, tendre et très drôle, qui deviendra vite ton ami fidèle et ton complice. Pour cela tu devras le nourrir, veiller à ce que sa cage soit toujours propre et le distraire.

Quelles sont les différences entre le mâle et la femelle ?

La femelle est plus petite, souvent plus douce et plus affectueuse que le mâle.

À quel âge l'adopter ?

Préfère un animal complètement sevré, de 6 à 8 semaines. Plus il sera jeune, plus il sera facile à apprivoiser. Attention, une femelle de plus de 2 mois risque d'attendre des petits.

Est-il en forme ?

Avant d'examiner ton nouveau compagnon, regarde où il vit. Sa cage doit être suffisamment vaste, propre, et la nourriture fraîche à disposition.

Regarde-le évoluer : il doit être gai et joueur.

Prends-le dans tes bras :

• sa fourrure est épaisse et brillante sur tout le corps sauf sur les oreilles et le bas des pattes ;

• son derrière est propre, sans trace de diarrhée ;

• ses yeux sont secs, brillants et sans écoulement ;

• ses oreilles sont propres ;

• son nez est humide et propre ;

• ses incisives sont bien positionnées.

Un ou plusieurs ?

Le cochon d'Inde vit en groupe dans la nature, il est donc préférable d'en acheter au moins 2. Les femelles s'entendent en général assez bien ; par contre 2 mâles sympathisent rarement et peuvent s'infliger de graves morsures. La solution idéale consiste à acheter un mâle et une femelle, mais alors attends-toi à avoir rapidement une nombreuse famille.

Le cobaye à poil lisse

C'est le plus connu, son poil est uniformément court, compact et soyeux. Il existe de très nombreuses variétés, dont la variété unicolore est la plus répandue : blanc, noir, havane, rouge, doré, fauve, beige, crème, lilas.

▼

Cobaye à poil lisse uni

Cobaye à poil lisse tricolore

Quelles sont les principales races reconnues ?

Il existe de nombreuses variétés de cobayes. Chacune est décrite de façon très détaillée par son standard.

Quelle race choisir pour débuter ?

Pour commencer, le cobaye unicolore à poil lisse est idéal. Son pelage nécessite peu d'entretien et on le trouve très facilement. Par la suite, si tu désires te lancer dans l'élevage, tu pourras acquérir des races à poil long ou à rosettes. Attention ! Il existe une loi qui réglemente l'élevage. Tu dois t'y conformer si tu élèves plus de quelques spécimens.

Le cobaye à poil long ►

On l'appelle également angora et il en existe plusieurs types. Sa fourrure fine et brillante peut atteindre 15 à 30 cm de long. C'est la star des expositions et le plus difficile à entretenir : il faut le brosser tous les jours et lui changer sa litière très souvent pour ne pas qu'elle lui colle aux poils.

Le cobaye à poil dur

Il possède un poil dur mi-long et des touffes de poils implantées comme les pétales d'une marguerite. Cela lui donne une allure un peu ébouriffée. ►

Le cobaye couronné

Son poil est court et il porte une rosette de poils sur le front.
▼

Une hiérarchie bien établie

Dans une troupe de cochons d'Inde il y a un mâle dominant. Celui-ci est le seul à parader et interdit aux autres mâles de s'approcher des femelles. Cependant, cet ordre bien établi peut être renversé lors de combats.

Les comportements du cochon d'Inde

Dans la nature, les cochons d'Inde vivent en petits groupes d'une dizaine d'individus, habitent des terriers qu'ils creusent ou reprennent à d'autres animaux. Ils se nourrissent au crépuscule d'herbes et de plantes et communiquent entre eux en émettant de petits sons. En captivité, ils ont modifié certaines habitudes.

Des combats sans pitié

Lorsqu'un mâle dominant agresse un autre mâle, il peut lui infliger de graves morsures, parfois mortelles. Attention, lors de ces attaques, ton cobaye est capable de te donner un coup de dent si tu tentes de t'interposer.

Un rythme de vie particulier

En captivité le cochon d'Inde est actif par petites périodes, le jour comme la nuit. Pour éviter qu'il te réveille la nuit, évite de placer sa cage dans ta chambre.

Un isolement mal supporté

La vie en groupe n'est pas toujours facile, mais si tu sépares brusquement un de tes cochons d'Inde du reste du groupe, il risque de se laisser dépérir.

Drôles, les petits

Vers la 3e semaine, les petits cochons d'Inde montrent une activité intense. Ils courent dans tous les sens dans la cage et font des cabrioles. Ils sont vraiment très drôles.

Parler « cochon d'Inde »

Le cochon d'Inde se fait comprendre par des cris différents : sifflements pour attirer l'attention, en particulier à ton approche lorsque tu viens le nourrir ; bref bourdonnement saccadé pour avertir ses congénères en cas de danger ; entrechoquement des dents par des mouvements rapides de la mandibule s'il se sent menacé lors de l'arrivée d'un intrus.

Le cochon d'Inde et les autres animaux

Ton cochon d'Inde n'est pas agressif de nature. La fuite est son seul moyen de défense. Aussi, fais très attention lorsque tu lui présenteras tes autres compagnons.

- Ton chien et ton cochon d'Inde feront bon ménage s'ils ont grandi ensemble.
- La cohabitation avec un lapin nain pose rarement problème.
- Par contre, souris et hamsters ne l'apprécient guère.
- Attention, ton chat risque de le considérer comme une proie.
- Ton perroquet pourrait lui infliger de graves blessures.

Préparer son arrivée

L'arrivée de ton nouveau compagnon ne s'improvise pas. Il lui faudra une cage, un distributeur d'eau, 2 râteliers, un récipient pour la nourriture sèche, un abri et des jeux.

À éviter

Ne choisis pas une cage avec un plancher grillagé car tes petits amis risquent de se blesser les pattes et les coussinets.
Attention, une vieille caisse en bois ou un carton ne conviennent pas car le fond sera vite souillé et impossible à nettoyer.

Pour faciliter le nettoyage, choisis une cage avec des barreaux métalliques galvanisés et un fond en plastique. Le fond de la cage doit avoir au moins 10 à 15 cm de profondeur pour éviter que les brins de paille ne voltigent à l'extérieur quand ton cochon d'Inde fouille dans sa litière.

Choisir la cage

Elle doit être suffisamment grande : 100 x 60 x 40 cm pour une petite troupe (5 femelles et 1 mâle). Si tu en as une plus petite, il faudra laisser à tes cobayes la possibilité de gambader chaque jour en dehors de leur cage.
Un couvercle n'est pas indispensable puisque le cobaye ne saute pas et n'escalade pas.

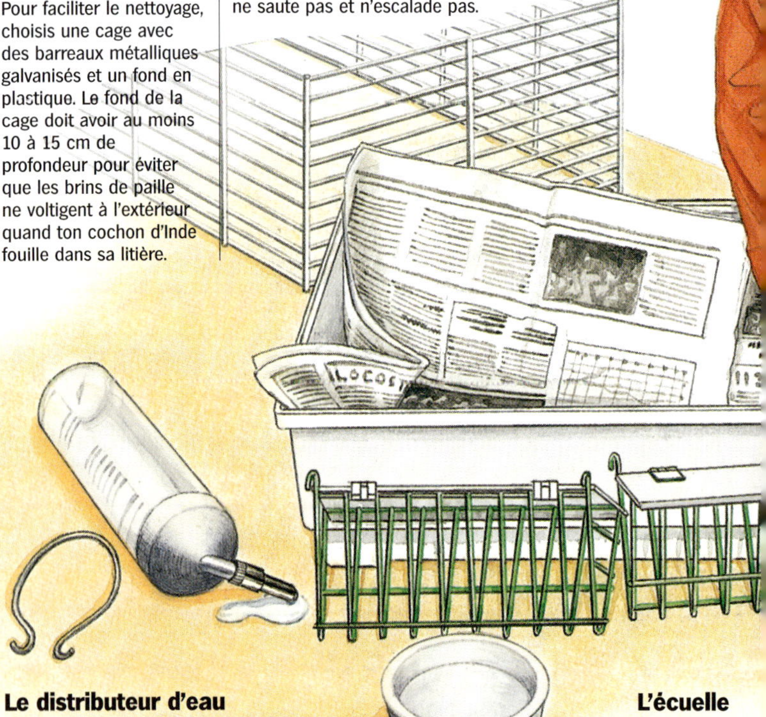

Le distributeur d'eau

Pour éviter que l'eau ne soit trop vite souillée, utilise une fontaine buvette qui délivre l'eau goutte à goutte. Tu en trouveras dans le commerce mais tu peux également en fabriquer une.

L'écuelle

Choisis-la en porcelaine ou en terre cuite vernissée. Tu y mettras la nourriture sèche (granulés, graines, aliments déshydratés).

Les râteliers

Il en faut 2 : 1 pour le foin et 1 pour les légumes verts. Choisis-les fermés pour que ton cochon d'Inde ne puisse pas monter dedans. Sinon, il risque de souiller les aliments et de se blesser en voulant brutalement en sortir.

L'abreuvoir « sabot »

Fixe la mangeoire à l'intérieur de la cage. Remplis la bouteille d'eau, retourne-la dans la mangeoire et accroche la bouteille au grillage avec un morceau de ficelle. Change l'eau régulièrement.

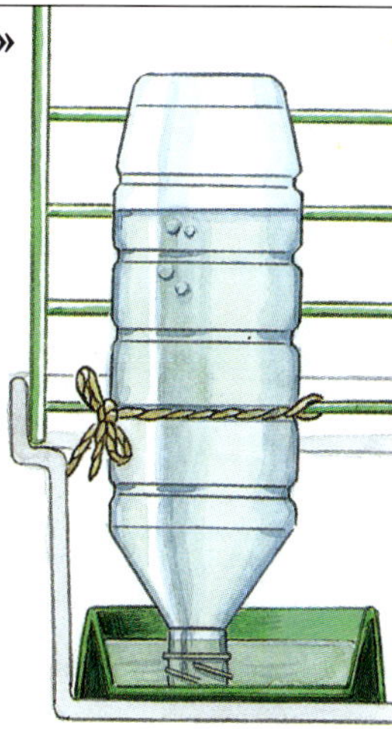

- 1 petite bouteille d'eau minérale
- 1 morceau de ficelle
- 1 petite mangeoire en plastique

Le distributeur de nourriture

❶ *Découpe la bouteille en deux et jette la partie où se trouve le goulot.*

❷ *Perce un trou dans le socle de la bouteille (il te servira à mettre les aliments).*

❸ *Découpe un léger arrondi dans le haut de la bouteille (il permettra aux aliments de s'écouler doucement).*

❹ *Renverse la bouteille sur l'écuelle et fixe-la à l'aide du fil de fer.*

❺ *Remplis la bouteille d'aliments secs.*

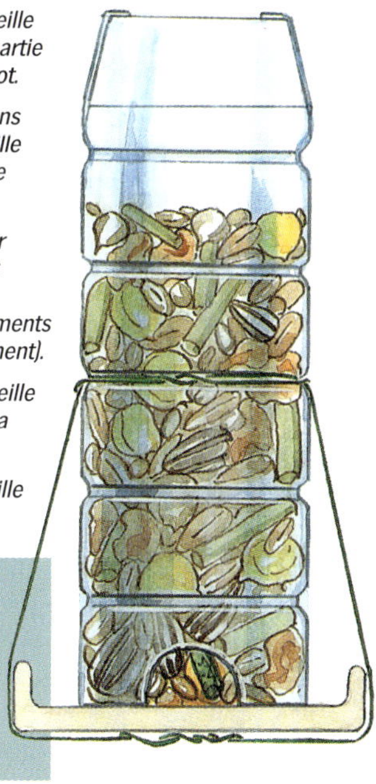

- 1 bouteille en plastique
- 1 écuelle en porcelaine
- fil de fer

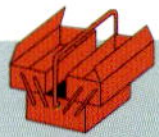

Utilise des planches de bois naturel comme l'épicéa :
- 4 planches de 20 x 12 cm
- 1 planche de 20 x 20 cm
- clous
- scie à bois

Bricoler un abri

Ton cochon d'Inde a besoin d'un petit coin tranquille pour dormir, pour s'isoler de ses congénères ou pour échapper à un ennemi.

❶ *Découpe dans la planche de façade une entrée de 8 x 8 cm.*

❷ *Cloue les 4 planches de 20 x 12 cm entre elles pour former les murs de la maisonnette.*

❸ *Cloue la planche de 20 x 20 cm sur les 4 autres pour former le toit.*

La litière

Elle absorbe les excréments de tes petits protégés. Prends de la tourbe en poudre, des copeaux de bois tendre ou de la sciure non traités, du foin ou de la paille.

Les jeux

Ils sont indispensables pour permettre au cochon d'Inde de se dépenser. Pour cela dispose dans sa cage un tuyau en terre cuite, un pot de fleurs renversé et une grosse pierre sur laquelle il pourra monter.

Où placer la cage ?

Mets-la dans un endroit calme, car il n'aime pas le bruit, clair, à l'abri des variations brutales de température et des courants d'air qui sont souvent à l'origine de maladies respiratoires. La température ambiante idéale est de 18 à 24 °C. Elle ne doit jamais baisser au-dessous de 10 °C, ni dépasser 30 °C.

Introduire un nouveau cochon d'Inde

Avant de faire les présentations du nouveau venu à ta petite troupe, place-le en quarantaine pendant environ 3 semaines.

S'il se révèle en bonne santé, introduis-le dans la cage en le séparant de ses congénères grâce à une grille pour qu'ils puissent se voir et se flairer.

Au bout de plusieurs jours, enlève la grille, et laisse-les ensemble tout en les surveillant du coin de l'œil. S'ils ne s'entendent pas, sépare-les et essaie à nouveau quelques jours plus tard.

Attention, l'introduction d'une femelle au sein d'un groupe de mâles déclenche souvent des bagarres entre mâles.

Un entretien indispensable

Pour éviter à ton cochon d'Inde d'être malade, sa cage doit toujours être propre. Chaque jour, élimine les restes de son repas, rince et lave son écuelle et son distributeur d'eau. Au moins 2 fois par semaine, nettoie sa cage à l'eau tiède avec un nettoyant doux et change la litière. Une fois par mois, désinfecte les barreaux.

Nourrir ton cochon d'Inde

Il a besoin d'une alimentation équilibrée. C'est un rongeur végétarien grand gaspilleur et gourmand. Ses molaires sont spécialement adaptées au broyage des végétaux et croissent continuellement.

De l'eau fraîche toujours disponible

Même si ton cochon d'Inde mange beaucoup de verdure, n'oublie jamais de lui laisser de l'eau à boire et de la changer tous les jours.

Une alimentation très variée

Ton cochon d'Inde apprécie particulièrement les aliments suivants :
- les légumes : carottes, betteraves rouges, fenouil, céleri ;
- les fruits : surtout les pommes, poires, cerises, raisins, bananes, kiwis...
- les céréales : orge, blé, avoine (en petite quantité) ;
- la verdure et le fourrage : foin, herbe, trèfle, luzerne, laitue, chicorée, cresson, pissenlit, persil (riche en vitamine C) ;
- les petites branches d'arbres fruitiers ;
- le pain complet sec ;
- le son.

Du bon foin

Le foin est indispensable et doit être de bonne qualité. Tu en trouveras sous forme de petits paquets dans les boutiques spécialisées et en plus grande quantité à la campagne chez les agriculteurs. Un foin de bonne qualité est vert et a une odeur agréable. Un foin médiocre est poussiéreux, sa couleur est jaune voire marron et il peut parfois contenir des moisissures mortelles.

Les aliments interdits

Ne donne jamais de déchets de cuisine, d'épluchures de pommes de terre, de feuilles de choux-fleurs, de friandises (chocolat, nougat...) ni d'aliments moisis car ils provoquent des fermentations intestinales et des diarrhées.

En pratique

En été, sa nourriture se compose essentiellement de verdure fraîche, de céréales et de son.

En hiver, donne-lui du foin sec, des betteraves ou des carottes, des céréales et du son.

Si tu n'as pas le temps de lui préparer à manger, tu peux lui donner un aliment complet que tu trouveras dans le commerce.

Attention aux plantes toxiques

Tu peux cueillir toi-même la verdure pour ton cochon d'Inde à condition de savoir bien identifier les plantes que tu coupes car certaines, comme la belladone, sont mortelles.
Ne ramasse jamais les plantes ni sur les bords des routes à grande circulation, ni dans les prés traités aux insecticides, ni dans les endroits souillés par les excréments de chiens, de rongeurs ou d'oiseaux, tu risquerais de rendre malade ton cochon d'Inde.

Des crottes pleines de vitamines

Ne t'inquiète pas si tu vois ton cochon d'Inde manger ses crottes. Cela lui permet de récupérer des vitamines. Il fait des premières crottes d'aliments incomplètement digérés, qu'il mange et rejette une seconde fois.

Éviter les affections

La plupart des affections du cobaye sont dues à des erreurs d'alimentation. Respecte les règles alimentaires de base pour maintenir ton compagnon en bonne santé.

Des légumes épluchés

Lave ou mieux épluche et sèche ses aliments avant de les lui distribuer.

À table plusieurs fois par jour

Contrairement à son cousin sauvage qui recherche sa nourriture au crépuscule, ton cochon d'Inde mange de jour comme de nuit. C'est un gaspilleur qui refuse de se nourrir d'aliments souillés. Pour éviter cela, donne-lui 2 ou 3 petits repas par jour.

Des besoins importants en vitamine C

Ton cobaye a un besoin important en vitamine C car il est incapable de la fabriquer lui-même. Si la quantité de vitamine C fournie par sa ration est insuffisante, complète-la en rajoutant de la vitamine C à l'eau de boisson à raison de 1 mg de vitamine C par millilitre d'eau. N'oublie pas de renouveler le mélange chaque jour car la vitamine C s'oxyde très rapidement.

Quelques règles alimentaires

- Ne lui donne pas trop de nourriture à la fois.
- Place les légumes et le foin dans les mangeoires pour éviter qu'ils ne soient souillés par l'urine et les excréments.
- Si tu désires modifier son alimentation, fais-le très progressivement.
- Si ton cochon d'Inde est trop gros, n'hésite pas à le mettre à l'eau et au foin une fois par semaine.
- Retire de la cage ce qu'il n'a pas mangé au bout d'une heure.
- Élimine systématiquement la nourriture présentant des moisissures.
- Nourris-le à heures fixes.

Des aliments qui usent les dents

Ton petit compagnon doit ronger afin d'user ses dents qui poussent sans cesse. Le pain complet dur et les brindilles de bouleau, de saule, ou d'arbres fruitiers (noisetier, cerisier sauvage) conviennent parfaitement. Il existe également dans le commerce des gaufrettes à ronger.

Hygiène et toilette

Ton cochon d'Inde aime faire sa toilette au calme, généralement après le repas ou le repos. Il s'assoit sur son arrière-train, commence par se lécher les pattes antérieures puis s'essuie la face jusqu'en arrière des oreilles et le bout du museau. Il nettoie ensuite son pelage avec sa langue et ses dents. Mais il faut aussi que tu l'aides par quelques soins supplémentaires.

Surveiller sa dentition

Les dents de ton cochon d'Inde poussent tout le temps. Normalement, elles s'usent sur la nourriture. Mais si elles ne s'usent pas suffisamment, cela entraîne une forte salivation, une perte d'appétit et des lésions de la langue et de la cavité buccale. Pour éviter cela, regarde les dents de ton petit compagnon et fais-les meuler si nécessaire.

Les poils

Si ton cochon d'Inde a le poil long, brosse-le tous les jours. S'il a le poil court, une fois par semaine suffit. Cela contribue à une bonne hygiène, permet de déceler à temps les maladies de peau et c'est une marque d'affection. S'il a le poil lisse, utilise une brosse d'une dureté moyenne, s'il a le poil long, un peigne aux dents longues.

Peu de bains

Ne baigne pas ton cochon d'Inde, sauf s'il est vraiment très sale ou s'il doit participer à une exposition, car il risque d'attraper froid.
Place-le dans une cuvette remplie d'eau tiède sur une hauteur de 2 cm (l'eau ne doit pas lui arriver plus haut que le bas du ventre). Utilise un savon très doux. Ne lui en mets pas dans les yeux, les oreilles ni le nez. Rince-le puis sèche-le en l'entourant d'une serviette chaude tout en lui laissant la tête libre.
Si c'est un cobaye à poil long, démêle son poil avant de le mouiller.

Lui couper les griffes

Si ton cobaye ne fait pas assez d'exercice, ses griffes (4 par patte à l'avant et 3 à l'arrière) pousseront de façon exagérée et pourront s'enfoncer dans ses coussinets plantaires ou prendre la forme d'un tire-bouchon. Pour éviter cela, raccourcis-les sans couper trop court car elles risquent de saigner.

- Utilise une pince coupante ou une pince à guillotine bien aiguisée.

- Si l'ongle est transparent, coupe-le quelques millimètres en dessous de la portion charnue (de couleur rouge).

- Si cela saigne, applique une compresse imbibée d'eau oxygénée sur l'extrémité de la griffe afin d'arrêter les saignements, puis une solution antiseptique.

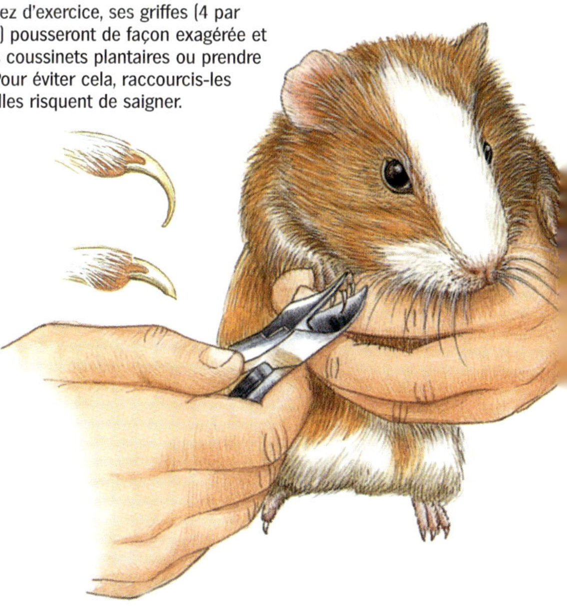

Santé et protection

La durée de vie moyenne de ton petit compagnon varie de 6 à 8 ans mais elle peut être bien plus courte si ses conditions d'élevage (environnement, nourriture) sont mauvaises.

1ers signes d'une maladie

Un cochon d'Inde malade reste immobile, indifférent au milieu qui l'entoure et peut présenter de la fièvre. Son pelage perd de sa brillance et devient sec. Ses yeux n'ont plus leur aspect vif. Il perd l'appétit et s'amaigrit.

Prévenir les maladies

« Mieux vaut prévenir que guérir », surtout pour ton cochon d'Inde, pour lequel les médicaments sont peu nombreux et les résultats souvent décevants.

- Donne-lui une nourriture adaptée et variée.
- Évite-lui les courants d'air et les variations brutales de température.
- Change sa litière régulièrement.
- Fais-lui faire de l'exercice.
- Protège-le des animaux qui peuvent le blesser et lui apporter des maladies.
- Brosse-le au moins 1 fois par semaine.
- Contrôle régulièrement son état de santé.

Soigner la constipation

Donne-lui des fruits frais et des légumes, fais-le boire et bouger. Si ce n'est pas suffisant, administre-lui une demi-cuillerée à café d'huile de paraffine 2 à 3 fois par jour. Masse-lui doucement le ventre.

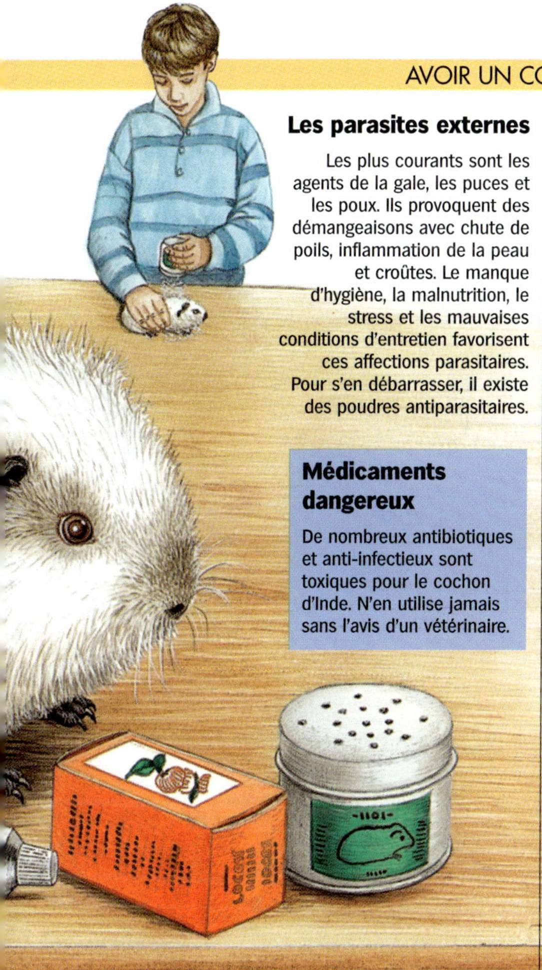

Les parasites externes

Les plus courants sont les agents de la gale, les puces et les poux. Ils provoquent des démangeaisons avec chute de poils, inflammation de la peau et croûtes. Le manque d'hygiène, la malnutrition, le stress et les mauvaises conditions d'entretien favorisent ces affections parasitaires. Pour s'en débarrasser, il existe des poudres antiparasitaires.

Médicaments dangereux

De nombreux antibiotiques et anti-infectieux sont toxiques pour le cochon d'Inde. N'en utilise jamais sans l'avis d'un vétérinaire.

La diarrhée

Elle peut survenir au moment du sevrage, à la suite d'un stress, de l'emploi d'antibiotiques, d'une erreur alimentaire (alimentation avariée déséquilibrée, excès de verdure, passage brutal d'une alimentation sèche à une alimentation humide, eau trop froide ou sale), d'une infection bactérienne ou parasitaire. L'évolution est souvent rapide et fatale.

Soigner une diarrhée

Change la litière plus souvent pour la maintenir toujours propre et sèche. Pendant 24 h, ne le nourris qu'avec de l'eau. Puis alimente-le de nouveau avec du foin d'excellente qualité, des flocons d'avoine et des carottes râpées. Si la diarrhée persiste plus de 2 jours, consulte ton vétérinaire.

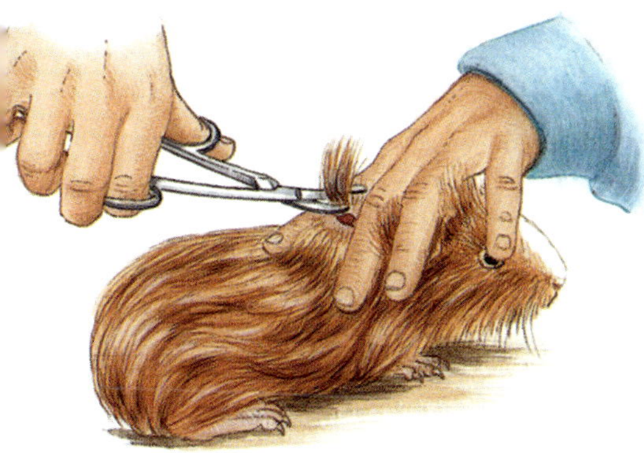

Soigner une blessure

Dégage bien la plaie en coupant les poils, lave-la soigneusement et désinfecte-la avec une solution antiseptique (solution iodée, eau oxygénée).

Jouer avec ton cochon d'Inde

Ton cochon d'Inde aime être caressé et cajolé. Il est extrêmement rare qu'il morde. Tu pourras facilement l'apprivoiser et même lui apprendre des tours qui étonneront tes amis.

L'apprivoiser

Le calme et la patience sont les meilleurs moyens de gagner sa confiance. Au début, tends-lui une carotte ou un morceau de pomme en lui parlant doucement afin qu'il s'habitue à ta voix. D'abord, il reniflera un peu vers toi sans trop s'approcher, puis il viendra chercher la nourriture dans ta main. Une fois qu'il sera habitué à ton odeur et ne te craindra plus, caresse-lui doucement la tête puis le dos.

Quelques tours

Apprends-lui à te rejoindre lorsque tu l'appelleras et à faire le « beau » en lui présentant, un peu en hauteur, une friandise. Au début, lorsqu'il viendra vers toi, félicite-le et donne-lui une récompense. Contrairement au hamster, le cobaye n'aime pas les jeux d'équilibre. Il est donc inutile de lui acheter une roue ou une échelle.

Courir en liberté

Par moments, laisse-le courir en liberté dans une pièce. Pour qu'il joue à cache-cache, dispose des obstacles par terre (boîtes, cylindres en bois ou en carton, jeux de construction...).

L'attraper en douceur

Une fois apprivoisé, tu pourras le prendre dans tes bras sans qu'il ne crie ni se débatte. Place une main sous son arrière-train et l'autre à hauteur de son poitrail. Ne l'attrape jamais par les pattes, car il a les membres fragiles. Ne le serre pas trop fort car tu risques de l'étouffer.

Prendre l'air

En été, tu peux le laisser courir sur le balcon à condition de fixer un filet ou une planche contre la balustrade sur une hauteur d'environ 50 cm. Méfie-toi des chats qui pourraient venir lui rendre visite.

Si tu as un jardin, installe-lui un enclos d'environ 1 m^2. Inutile de planter profondément le grillage, le cochon d'Inde ne creuse guère le sol. N'oublie pas de tendre un fin grillage au-dessus à cause des chats. Place un abri pour le protéger de la pluie, du soleil et du vent. Déplace fréquemment l'enclos pour lui permettre de paître à volonté.

L'emmener avec toi

Si tu dois le conduire chez le vétérinaire ou l'emmener en vacances, transporte-le dans sa cage ou, si tu manques de place, dans une boîte à chaussures garnie de paille. Ne le laisse jamais seul dans une voiture, surtout en plein été, car il ne supporterait pas la chaleur.

Le faire garder

Demande à un ami de confiance s'il peut garder ton cochon d'Inde durant ton absence. Apporte-lui le pensionnaire dans sa cage, qu'il placera dans un endroit calme, à l'abri des courants d'air. Fournis-lui assez de litière et de nourriture pour toute la durée du séjour.
Pense à donner à ton ami tous les conseils indispensables pour qu'il soigne correctement ton petit animal.

Ton cochon d'Inde va avoir des petits !

Avant de mettre ta femelle à la reproduction, pense à ce que tu feras des nouveau-nés. Le nombre de petits est en moyenne de 3 ou 4 par portée mais peut atteindre 6 ou 7. Si tu ne connais personne qui désire les adopter ne la fais pas se reproduire.

Un petit animal prolifique

La femelle cochon d'Inde peut se reproduire toute l'année et avoir jusqu'à 5 portées par an. Pour éviter de l'épuiser, ne lui fais pas faire de petits plus de 2 ou 3 fois par an.

Précoce

Ta femelle peut se reproduire vers la 4e ou 5e semaine et le mâle vers la 8e ou 10e semaine. Toutefois, l'âge idéal pour une reproduction sans problème est de 3 à 5 mois pour la femelle et de 4 à 5 mois pour le mâle. Attention, si tu fais saillir une femelle de plus de 9 mois pour la 1re fois, elle risque d'avoir des difficultés à mettre bas.

Les fiançailles

Après une parade, le mâle poursuit la femelle, le menton posé sur sa croupe.
Si celle-ci est prête à l'accouplement, elle raidit ses membres postérieurs et relève sa croupe. Le mâle la chevauche quelques secondes en l'étreignant de ses membres antérieurs.
Si la femelle n'est pas prête, elle repousse vigoureusement le mâle avec ses membres postérieurs ou en lui envoyant un jet d'urine tout en poussant un « cri de dérangement ».

Une gestation longue

La future maman cochon d'Inde porte les petits pendant environ 68 jours (59 à 72 jours). Plus elle a de petits, plus le temps de gestation est court. En fin de gestation, elle a presque doublé son poids de départ. Dès la 4e ou 5e semaine, les petits, de la taille d'une noisette, sont perceptibles au toucher. Plusieurs jours avant la mise-bas leurs mouvements sont visibles à l'œil nu.

La consanguinité

Quand les animaux d'une même famille s'accouplent entre eux le risque de malformations augmente. Pour éviter cela, tu peux marier ton cochon d'Inde avec celui de l'un de tes amis.

Les soins à la future maman

Laisse-la au calme dans une grande cage et veille à lui apporter de la vitamine C en quantité suffisante. Rajoute également à la ration des graines germées (orge, maïs, avoine) riches en vitamine E. Trempe les graines dans l'eau pendant 48 h, égoutte-les puis étale-les sur un linge dans un endroit chaud. La germination se fait en 3 à 4 jours.

Des nouveau-nés déjà bien formés

À la naissance, les petits sont couverts de poils, leurs yeux sont grands, leurs dents déjà biseautées leur permettent de prendre de la nourriture solide et leurs mouvements sont bien coordonnés.

La mise-bas

Les petits naissent directement sur la litière, pas dans un nid. La mise-bas dure 10 à 30 minutes avec un intervalle de 7 à 8 minutes entre chaque naissance. Les petits naissent entourés d'une enveloppe fœtale que leur maman déchire et mange. L'abandon de la portée est fréquent lors de la 1re mise-bas.

La lactation

Pendant 3 semaines les petits cochons d'Inde tètent les 2 mamelles de leur maman. À l'âge de 3 semaines, ils pèsent entre 165 et 240 g et ne se nourrissent plus que d'aliments solides. Ils atteignent leur poids d'adulte vers 1 an.

Séparer le mâle de la femelle

Avant la naissance retire le mâle, car quelques heures après la mise-bas la femelle est à nouveau en chaleur. Laisse la maman élever seule ses rejetons et attends au minimum 1 mois après le sevrage pour la faire se reproduire à nouveau.

Éviter la prolifération

Dès la 4e semaine, sépare les mâles des femelles sinon ta petite troupe risque fort de s'agrandir. Les femelles se battent rarement ; par contre les mâles en grandissant se battent pour la suprématie.

Élever des orphelins

Si les petits perdent leur mère ou si elle les a abandonnés, remplace le lait maternel par du lait de vache dilué (80 % de lait de vache entier et 20 % d'eau) et prépare-leur des bouillies de céréales, fruits et légumes.

Place les petits dans la paume de ta main le ventre en l'air, le corps presque vertical et donne-leur le lait à une température de 38 °C avec une seringue ou un compte-gouttes. Ne force jamais un petit à boire. Au départ, distribue 2 à 3 ml de lait par repas, toutes les 3 h ; puis progressivement augmente les doses et les intervalles entre chaque tétée. Si tu possèdes une autre femelle qui allaite, tu peux lui confier les orphelins.

Index

Adresses utiles

Cavia Club de France

BP 28, 67140 Barr.

Club des amateurs des lapins nains et des cobayes de France (ALNCF)

23, rue de Moutier, 95300 Ennery.

Activités et identification, la nature est pleine d'idées, et tes carnets pleins d'inventions.

Dans la même collection

300, rue Léon-Joulin, 31101 Toulouse Cedex 9, France.

Loi 49.956 du 16.07.1949
ISBN : 2.7459.1543.6
Dépôt légal : 2e trimestre 2004
Imprimé en Italie par Canale

www.editionsmilan.com